AF227276

RÉCEPTIONS

DES 1ᴱᴿ ET 2 JANVIER 1863.

PALAIS DES TUILERIES.

RÉCEPTIONS DES 1ᵉʳ ET 2 JANVIER 1863.

RÉCEPTION DU 1ᵉʳ JANVIER.

Leurs Majestés recevront le premier janvier :

A onze heures et demie du matin,

Dans les *appartements de l'Impératrice,*

Les Prince et Princesses de la Famille Impériale,

Les Princes et Princesses de la Famille de l'Empereur ayant rang à la Cour.

Dans le *premier Salon* ou *Salon des Tapisseries,* seront réunis :

Les Grands Officiers de la Couronne, la Grande Maîtresse de la Maison de S. M. l'Impératrice, la Gouvernante des Enfants de France, la Dame d'honneur de l'Impératrice, les Dames du Palais, les Sous-Gouvernantes des Enfants de France, la Dame lectrice de Sa Majesté, les Dames de LL. AA. II. Madame la Princesse Marie-Clotilde Napoléon et Madame la Princesse Mathilde, le Maréchal Commandant en chef la Garde Impériale, l'Adjudant général du Palais et l'Aide de camp de l'Empereur, de service ;

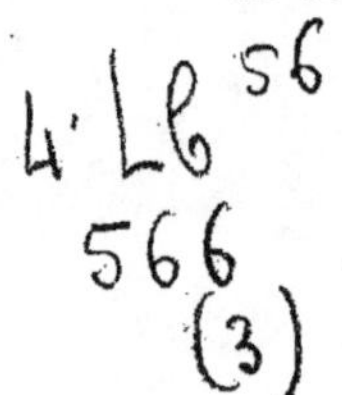

Dans le *Salon de Louis XIV* :

Les Officiers de service des Maisons de Leurs Majestés et de Leurs Altesses Impériales, et le Chevalier d'honneur de S. A. Madame la Princesse Baciocchi ;

Dans la *Salle du Trône* :

Les Cardinaux, les Ministres, les Membres du Conseil Privé, les Maréchaux, les Amiraux, le Grand Chancelier de l'Ordre Impérial de la Légion d'honneur, le Gouverneur des Invalides et le Gouverneur général de l'Algérie ;

Dans le *Salon d'Apollon* :

Tous les Officiers des Maisons de Leurs Majestés et des Maisons des Prince et Princesses de la Famille Impériale, qui ne seront pas de service, le Premier Médecin et les Médecins et Chirurgiens ordinaires ou consultants de Leurs Majestés et du Prince Impérial ;

Dans le *Salon Blanc*, se tiendront :

L'Aumônier, le Vicaire général, les Chapelains de l'Empereur et le Chapitre Impérial de Saint-Denis, le Secrétaire et le Sous-Chef du Cabinet de l'Empereur, le Bibliothécaire du Palais des Tuileries, le Secrétaire des Commandements et le Bibliothécaire de l'Impératrice, le Trésorier général de la Couronne et le Trésorier de la Cassette privée, le Directeur de la musique de la Chapelle et de la Chambre, les Membres du service de Santé qui ne sont pas indiqués plus haut comme devant se tenir dans le Salon d'Apollon, et les Officiers de l'escadron des Cent-Gardes.

Immédiatement après avoir présenté leurs hommages à
LEURS MAJESTÉS, les Cardinaux, les Ministres, les Membres
du Conseil Privé, les Maréchaux, les Amiraux, le Grand Chancelier de la Légion d'honneur, le Gouverneur des Invalides et
le Gouverneur général de l'Algérie, ainsi que toutes les personnes des Maisons de Leurs Majestés et de Leurs Altesses
Impériales qui ne devront pas faire partie des Cortéges, se
dirigeront vers la *Salle des Travées*, pour y occuper les places
qui leur auront été réservées.

A midi,

LEURS MAJESTÉS, prévenues par le Grand Maître des Cérémonies, se rendront à la Chapelle.

Le Cortége de l'IMPÉRATRICE marchera dans l'ordre suivant :

Un Aide des Cérémonies,
Un Maître des Cérémonies,
L'Écuyer de l'Impératrice,
Le Chambellan de l'Impératrice, de service,
Le Premier Écuyer de l'Impératrice,
Le Premier Chambellan de l'Impératrice,

L'IMPÉRATRICE,

S. A. I. Madame la Princesse Marie-Clotilde Napoléon,
S. A. I. Madame la Princesse Mathilde,
LL. AA. Mesdames les Princesses de la Famille de l'Empe-
reur ayant rang à la Cour,

La Grande Maîtresse de la Maison de l'Impératrice, *à sa
gauche*, à trois pas en arrière,
La Gouvernante des Enfants de France,
La Dame d'honneur de l'Impératrice,

Les Dames du Palais,
Les Dames d'honneur et les Dames de service des Princesses,
Les Chevaliers d'honneur. et les Officiers de service des
  Princesses,

Le Cortége de l'EMPEREUR suivra celui de l'IMPÉRATRICE, dans
l'ordre suivant :

Un Aide des Cérémonies,
Un Maître des Cérémonies,
L'Écuyer de l'Empereur, de service,
Le Préfet du Palais, de service,
Le Chambellan de l'Empereur, de service,
L'Adjudant général du Palais,
Le Commandant en chef de la Garde Impériale,
Le Grand Maître des Cérémonies,
Le Grand Veneur,
Le Grand Chambellan,
Le Grand Maréchal du Palais,

LL. AA. les Princes de la Famille de l'Empereur ayant rang
  à la Cour,
S. A. I. Monseigneur le Prince Napoléon,

L'EMPEREUR,

Le Grand Aumônier,
L'Aide de camp de service,
Le Gouverneur du Palais,
Le Commandant de l'escadron des Cent-Gardes et les Offi-
  ciers d'ordonnance de service,
Les Officiers de service de S. A. I. Monseigneur le Prince
  Napoléon.

L'Empereur et l'Impératrice, en traversant la *Galerie de la Paix*, recevront les hommages des Fonctionnaires de Leurs Maisons, qui s'y trouveront réunis (jusqu'au grade de Sous-Chef inclusivement).

Leurs Majestés entendront la Messe dans la Chapelle du Palais.

L'ordre des places sera ainsi réglé :

L'Empereur et l'Impératrice, *au centre de la tribune;*

A la droite de l'Empereur, les Princes;

A la gauche de l'Impératrice, les Princesses;

Derrière l'Empereur, le Grand Maréchal du Palais, ayant *à sa droite* le Grand Aumônier, et *à sa gauche* le Grand Chambellan;

Derrière l'Impératrice, la Grande Maîtresse de Sa Maison et la Gouvernante des Enfants de France;

A gauche de Sa Majesté et *en arrière* seront la Dame d'honneur et les Dames du Palais, de service.

Les autres Dames qui ne seront pas de service, les Sous-Gouvernantes des Enfants de France, la Dame lectrice de l'Impératrice et les Dames de LL. AA. II. Madame la Princesse Marie-Clotilde Napoléon et Madame la Princesse Mathilde, seront placées dans les travées latérales de la Chapelle, *du côté* de l'Impératrice.

Derrière les Princes, seront le Grand Veneur, le Grand Maître des Cérémonies, le Commandant en chef de la Garde Impériale, l'Adjudant général du Palais et l'Aide de camp de l'Empereur, de service.

Les Cardinaux, les Ministres, les Membres du Conseil Privé,

les Maréchaux, les Amiraux, le Grand Chancelier de la Légion
d'honneur, le Gouverneur des Invalides, le Gouverneur général
de l'Algérie, les Officiers des Maisons de Leurs Majestés et des
Prince et Princesses de la Famille Impériale, et le Chevalier
d'honneur de la Princesse Baciocchi, seront placés dans les
tribunes latérales, *du côté* de l'EMPEREUR.

Après la Messe, LEURS MAJESTÉS rentreront dans leurs appartements. Le Cortége marchera dans l'ordre suivi pour aller
à la Chapelle.

Les Cardinaux, les Ministres, les Membres du Conseil Privé,
les Maréchaux, les Amiraux, le Grand Chancelier de la Légion
d'honneur, le Gouverneur des Invalides et le Gouverneur général de l'Algérie resteront dans la *Salle du Trône.*

CERCLE DIPLOMATIQUE.

A une heure,

L'EMPEREUR sortira de son appartement.

Le Cortége de l'EMPEREUR sera composé comme était celui
du matin pour se rendre à la Chapelle.

Dans la *Salle du Trône,* sera réuni le Corps Diplomatique
étranger, rangé d'avance *autour du Trône,* la droite appuyée à
la cheminée, par les soins d'un Maître des Cérémonies, Intro-

ducteur des Ambassadeurs, et d'un Aide des Cérémonies, Secrétaire à l'Introduction des Ambassadeurs.

Sa Majesté passera devant le Cercle du Corps Diplomatique, dont les Membres Lui seront présentés par le Grand Maître des Cérémonies.

Les Ambassadeurs et Ministres plénipotentiaires de l'Empereur présents à Paris, et ne remplissant point de fonctions leur assignant un autre rang dans les présentations officielles, seront reçus avec le Corps Diplomatique étranger.

Le Corps Diplomatique se retirera par la *Galerie de Diane*.

RÉCEPTION DES AUTORITÉS CIVILES

DE LA GARDE NATIONALE ET DE L'ARMÉE.

A une heure,

L'Empereur se placera sur le Trône,

Ayant auprès de Lui, à sa droite,

S. A. I. Monseigneur le Prince Napoléon,
S. A. Monseigneur le Prince Lucien Murat,
S. A. Monseigneur le Prince Napoléon-Charles Bonaparte;

A sa gauche,

S. A. Monseigneur le Prince Louis-Lucien Bonaparte,
S. A. Monseigneur le Prince Joachim Murat;

A sa droite, après les Princes,

Le Grand Aumônier, le Grand Chambellan et le Commandant en chef de la Garde Impériale;

A leur droite, partie des Cardinaux, des Ministres et des Membres du Conseil Privé, les Maréchaux et les Amiraux;

Derrière le Grand Aumônier et le Grand Chambellan seront les Aides de camp et les Chambellans;

Également derrière les Cardinaux, les Ministres, les Membres du Conseil Privé, les Maréchaux et les Amiraux, se placeront le Commandant de l'escadron des Cent-Gardes et les Officiers d'ordonnance de Sa Majesté;

*A la gauche de l'*EMPEREUR, *après les Princes,*

Le Grand Maréchal du Palais et le Grand Veneur;

Derrière eux, l'Adjudant général du Palais, le Gouverneur du Palais, le Premier Écuyer;

Derrière ceux-ci, les Préfets du Palais, les Écuyers, les Veneurs et les Maréchaux des Logis;

A la gauche du Grand Maréchal du Palais et du Grand Veneur, partie des Cardinaux, des Ministres et des Membres du Conseil Privé, le Grand Chancelier de la Légion d'honneur, le Gouverneur des Invalides, le Gouverneur général de l'Algérie et les Grands-Croix de la Légion d'honneur;

Derrière ces derniers, les Officiers de S. A. I. Monseigneur le Prince Napoléon.

Le Premier Chambellan de l'Empereur, le Premier Maître

des Cérémonies, l'Aide de camp de service, les Officiers d'ordonnance de service, se tiendront près des fenêtres, *en face* du Trône ;

Le Chambellan, le Préfet du Palais et l'Écuyer de service, dans la *Salle du Trône*, près de la porte du *Salon d'Apollon ;*

En avant et à gauche de la dernière marche du Trône, le Grand Maître des Cérémonies.

Un Maître des Cérémonies, assisté d'un Aide, veillera au classement régulier des Corps et Autorités civils appelés à paraître successivement devant SA MAJESTÉ.

Le Grand Maître des Cérémonies prendra les ordres de l'EMPEREUR,

Et un Maître des Cérémonies, assisté d'un Aide, introduira par la porte du *Salon d'Apollon* et annoncera à haute voix les Corps et Autorités.

Le Grand Maître des Cérémonies les présentera à l'EMPEREUR dans l'ordre suivant :

Le Sénat,

Le Corps Législatif,

Le Conseil d'État,

Une députation des Grands Officiers de l'Ordre Impérial de la Légion d'honneur et le Conseil de l'Ordre,

La Cour de Cassation,

La Cour des Comptes,

Le Conseil Impérial de l'Instruction publique,

L'Institut Impérial de France,

La Cour Impériale de Paris,

L'Archevêque de Paris et son Clergé,

Le Conseil central des Églises réformées,

Le Consistoire de l'Église réformée de Paris,

Le Président du Consistoire supérieur et du Directoire de l'Église de la Confession d'Augsbourg,

Le Consistoire de Paris de la Confession d'Augsbourg,

Le Consistoire central des Israélites,

Le Préfet du département de la Seine et son Secrétaire général,

Le Préfet de Police et son Secrétaire général,

Le Conseil de Préfecture du département de la Seine,

Le Conseil Municipal et la Commission départementale,

Les Maires et Adjoints de la Ville de Paris,

Les Sous-Préfets de Saint-Denis et de Sceaux,

Les Corps Municipaux de la Banlieue,

Le Recteur et le Corps académique de Paris,

Le Tribunal de Première Instance du département de la Seine,

Le Tribunal de Commerce de Paris,

La Chambre de Commerce de Paris,

Les Juges de Paix de Paris,

Les Commissaires de Police de Paris,

Le Conseil des Prud'hommes,

Les Membres des Corps Impériaux des Ponts et Chaussées et des Mines,

Les Fonctionnaires et Professeurs des Écoles Impériales des Ponts et Chaussées, des Mines, d'Application du Génie Maritime et des Écoles Polytechnique et Spéciale Militaire;

Les Administrateur et Professeurs du Collége Impérial de France,

Les Président et Professeurs de l'École Impériale et Spéciale des Langues orientales vivantes,

Les Professeurs et Administrateurs du Muséum d'Histoire Naturelle,

L'Académie Impériale de Médecine,

Le Directeur et les Membres du Conseil de perfectionnement du Conservatoire Impérial des Arts et Métiers,

Les Professeurs de l'École Impériale et Spéciale des Beaux-Arts,

Le Conseil des Avocats au Conseil d'État et à la Cour de Cassation,

La Chambre des Notaires de la Ville de Paris,

La Chambre des Avoués près la Cour Impériale,

La Chambre des Avoués près le Tribunal de Première Instance,

La Chambre syndicale des Agents de Change,

La Chambre des Commissaires-Priseurs,

La Chambre syndicale des Courtiers de Commerce,

Les Directeurs généraux,

Les Secrétaires généraux des Ministères,

Les Inspecteurs généraux et Directeurs des Administrations centrales : Ministères, Préfecture du département de la Seine, Préfecture de Police, Administration de la Légion d'honneur;

Le Préfet du département de Seine-et-Oise, l'Évêque de

Versailles, les Sous-Préfets et le Conseil de Préfecture du département de Seine-et-Oise;

Le Corps Municipal de la Ville de Versailles.

Ensuite un Aide des Cérémonies introduira les différents Corps de la Garde Nationale et de l'Armée, et un Maître des Cérémonies, placé à l'entrée de la *Salle du Trône,* du côté du *Salon d'Apollon,* les annoncera à haute voix, dans l'ordre suivant :

Le Général Commandant supérieur de la Garde Nationale du département de la Seine, et son État-Major,

Les Officiers des Bataillons de la Garde Nationale de Paris et de la Banlieue;

Le Ministère de la Guerre, comprenant : l'État-Major du Ministre, les Directeurs, Directeurs-Adjoints et Sous-Directeurs, les Chefs de service et de bureau et les Officiers supérieurs et autres attachés à l'Administration centrale, les Officiers généraux, supérieurs et autres, et les Fonctionnaires et Employés militaires attachés aux divers Comités d'armes, à la Direction des Poudres et Salpêtres, au Comité permanent d'Administration, au Conseil de Santé des Armées et à la Commission d'hygiène hippique;

Le Ministère de la Marine et des Colonies, comprenant : l'État-Major du Ministre, le Conseil d'Amirauté, le Comité consultatif des Colonies, les Directeurs, les Sous-Directeurs, les Chefs de bureau, les Inspecteurs généraux, le Conseil des Travaux, la Commission des Pêches et de la Domanialité maritimes, le Dépôt des Cartes et Plans, les Officiers généraux, supérieurs et autres, et les Fonctionnaires attachés à l'Administration centrale ;

Le Maréchal Gouverneur de l'Hôtel impérial des Invalides et les États-Majors des Invalides, des Écoles d'État-Major, Polytechnique et Spéciale Militaire, et des Écoles spéciales de Médecine et de Pharmacie militaires ;

Le Maréchal Commandant en chef la Garde Impériale et son État-Major,

L'Intendance militaire et les Officiers d'Administration
Le Général commandant l'Artillerie et les Régiments d'Artillerie
La Division du Génie
Le Général commandant la 1re Division d'Infanterie et son État-Major
Les Brigades de la 1re Division d'Infanterie
Le Général commandant la 2e Division d'Infanterie et son État-Major
Les Brigades de la 2e Division d'Infanterie
Le Général commandant la Division de Cavalerie et son État-Major
Les Brigades de la Division de Cavalerie
Le Train des Équipages militaires

de cette Garde ;

Le Maréchal Commandant supérieur du premier Corps d'Armée et son État-Major ;

L'État-Major de l'Artillerie ;

L'État-Major du Génie ;

L'Intendance militaire et Administration ;

L'École normale de Tir ;

L'École normale de Gymnastique ;

Le Général commandant la Subdivision du département de la Seine et la Place de Paris et son État-Major ;

L'État-Major de la Place de Saint-Denis et des forts de Paris ;

Le Dépôt de Recrutement du département de la Seine ;

La Gendarmerie départementale ;

La Garde de Paris ;

Les Sapeurs-Pompiers de la Ville de Paris ;

Les Troupes d'artillerie non embrigadées ;

Les Troupes de l'Administration ;

Le Général commandant la 1ʳᵉ Division d'Infanterie du premier Corps d'Armée et son État-Major,

Les Brigades de la 1ʳᵉ Division du premier Corps d'Armée ;

Le Général commandant la 2ᵉ Division d'Infanterie du premier Corps d'Armée et son État-Major,

Les Brigades de la 2ᵉ Division du premier Corps d'Armée ;

Le Général commandant la 3ᵉ Division d'Infanterie du premier Corps d'Armée et son État-Major,

Les Brigades de la 3ᵉ Division du premier Corps d'Armée ;

Le Général commandant la Division de Cavalerie du premier Corps d'Armée et son État-Major,

Les Brigades de cette Division ;

Le Général commandant la subdivision de Seine-et-Oise et les Officiers sous ses ordres ;

Les Officiers généraux, supérieurs et autres, des Armées de terre et de mer, présents à Paris, et qui n'y sont pas employés ;

Les Officiers généraux de terre et de mer du Cadre de réserve ;

Les anciens Officiers de terre et de mer du Premier Empire.

ENTRÉES ET SORTIES

POUR LES RÉCEPTIONS DU 1ᵉ JANVIER.

Les Prince et Princesses de la Famille Impériale,

Les Princes et Princesses de la Famille de l'Empereur ayant rang à la Cour,

Les Membres du Corps Diplomatique,

Les Grands Officiers de la Couronne, les Officiers et les Dames des Maisons de Leurs Majestés, des Enfants de France et des Prince et Princesses de la Famille Impériale, ainsi que les personnes qui doivent se rendre dans le *Salon Blanc*,

Les Cardinaux,

Les Ministres et les Membres du Conseil Privé,

Les Présidents du Sénat, du Corps Législatif et du Conseil d'État,

Les Maréchaux et les Amiraux,

Le Grand Chancelier de la Légion d'honneur, le Gouverneur des Invalides et le Gouverneur général de l'Algérie,

Les Grands-Croix de la Légion d'honneur,

Descendront au *Perron du Prince Impérial* du côté de l'ancien *Pavillon de Flore* et monteront par *l'escalier de l'Empereur;*

Ils se retireront par les mêmes points.

Les Fonctionnaires des Maisons de Leurs Majestés arriveront par le *grand escalier du Pavillon de l'Horloge* et se retireront par le même escalier.

Les Membres du Sénat, du Corps Législatif et du Conseil d'État, les Autorités civiles, les Corps savants, etc. qui seront reçus *à une heure,* devront également se faire descendre au *Pavillon de l'Horloge* et monter par le *même escalier.*

Ils se réuniront dans la *Galerie de la Paix,* la *Salle des Maréchaux,* le *Salon Blanc* et le *Salon d'Apollon.*

Ils se retireront par la *Galerie de Diane* et *l'escalier de l'Empereur près de l'ancien Pavillon de Flore.*

La Garde Nationale et l'Armée entreront également par le *Pavillon de l'Horloge* et monteront par le *grand escalier.*

Elles se réuniront dans la cour des Tuileries.

Elles se retireront par la *Galerie de Diane* et *l'escalier de l'Empereur.*

COSTUMES.

Les Magistrats et les Fonctionnaires civils seront en grand costume (sans pantalon blanc) ;

Les Militaires seront en grande tenue.

RÉCEPTION DU 2 JANVIER.

Avant neuf heures du soir,

Et avant l'arrivée de l'Empereur et de l'Impératrice, les Membres du Corps Diplomatique étranger et les Dames du Corps Diplomatique étranger seront assemblés dans le *Salon de Louis XIV.*

Les Femmes des Ministres et des Membres du Conseil Privé, des Présidents du Sénat, du Corps Législatif et du Conseil d'État, des Maréchaux et des Amiraux ; les Veuves des Maréchaux et des Amiraux ; les Femmes des Grands Officiers de la Couronne et des Officiers des Maisons de Leurs Majestés et des Prince et Princesses de la Famille Impériale ; les Femmes du Grand Chancelier de la Légion d'honneur, du Gouverneur général de l'Algérie et des Grands-Croix de la Légion d'honneur, occuperont le *Salon d'Apollon.*

Les Femmes des Sénateurs, des Députés au Corps Législaif et des Membres du Conseil d'État attendront dans le *Salon Blanc.*

Les Femmes des Membres de la Cour de Cassation, des Membres de la Cour des Comptes, des Généraux, du Premier Président et du Procureur général de la Cour Impériale, des Préfets, des Colonels, ainsi que les Dames Françaises et Étrangères présentées, seront réunies dans la *Salle des Maréchaux.*

Les Ministres et les Membres du Conseil Privé, les Présidents du Sénat, du Corps Législatif et du Conseil d'État, les Maréchaux, les Amiraux, le Grand Chancelier de l'Ordre Impérial de la Légion d'honneur, le Gouverneur des Invalides, le Gouverneur général de l'Algérie, le Commandant supérieur de la Garde Nationale de la Seine, les Grands-Croix de la Légion d'honneur, les Officiers et les Dames des Maisons de Leurs Majestés et des Prince et Princesses de la Famille Impériale, et le Chevalier d'honneur de la Princesse Baciocchi, seront rangés autour du Trône, par les soins d'un Maître des Cérémonies, dans l'ordre suivant :

Du côté de l'EMPEREUR :

L'Adjudant général du Palais,
L'Aide de Camp de service,
Le Premier Écuyer,
Les Chambellans,
Les Préfets du Palais,
Les Écuyers,
Les Veneurs,
Le Commandant de l'escadron des Cent-Gardes et les Officiers d'ordonnance ;

A leur droite :

Les Ministres et les Membres du Conseil Privé,
Les Maréchaux,
Les Amiraux ;

Du côté de l'IMPÉRATRICE :

Les Dames du Palais,

Le Premier Chambellan de l'Impératrice,

Les Chambellans de l'Impératrice,

Le Premier Écuyer de l'Impératrice,

L'Écuyer de l'Impératrice,

Le Grand Chancelier de la Légion d'honneur,

Le Gouverneur des Invalides,

Le Gouverneur général de l'Algérie,

Le Commandant supérieur de la Garde Nationale de la Seine;

A leur gauche :

Les Grands-Croix de la Légion d'honneur,

Les Officiers et les Dames des Prince et Princesses de la Famille Impériale, et le Chevalier d'honneur de la Princesse Baciocchi.

A neuf heures du soir,

L'Empereur et l'Impératrice entreront dans *la Galerie de Diane,* accompagnés de S. A. I. Monseigneur le Prince Napoléon, de S. A. I. Madame la Princesse Marie-Clotilde Napoléon et de S. A. I. Madame la Princesse Mathilde,

Et des Princes et Princesses de la Famille de l'Empereur ayant rang à la Cour.

Leurs Majestés seront précédées :

D'un Maître des Cérémonies,

Du Premier Chambellan de l'Empereur,

Des Grands Officiers de la Couronne,

Du Commandant en chef de la Garde Impériale;

Et suivies :

De la Grande Maîtresse de la Maison de Sa Majesté et de la Dame d'honneur de l'Impératrice.

Les Princes et Princesses de la Famille de l'Empereur ayant rang à la Cour se rendront immédiatement dans la *Salle du Trône* pour y occuper leurs places.

Leurs Majestés passeront devant le Corps Diplomatique étranger et les Dames du Corps Diplomatique étranger.

Elles entreront ensuite dans la *Salle du Trône.*

Les Prince et Princesses de la Famille Impériale se placeront à droite et à gauche de Leurs Majestés.

Plusieurs Chambellans se trouveront dans les salons pour diriger la marche de la réception, et venir annoncer, au fur et à mesure, au Grand Chambellan les noms des personnes, quand la réception aura commencé.

En entrant avec Leurs Majestés dans la *Salle du Trône,* le Grand Maréchal du Palais, le Grand Chambellan, le Grand Veneur, le Grand Maître des Cérémonies et le Commandant en chef de la Garde Impériale iront se placer *à la droite* de l'Empereur, chacun devant les Officiers de son service.

La Grande Maîtresse de la Maison de l'Impératrice, ainsi que la Dame d'honneur et le Premier Chambellan de Sa Majesté se tiendront *à la gauche* de l'Impératrice et devant les Officiers et les Dames de leurs services.

Le Premier Chambellan de l'Empereur se placera devant les Chambellans.

Les Officiers et les Dames des Maisons des Prince et Princesses de la Famille Impériale se mettront à la suite de la Maison de l'Impératrice.

Les choses ainsi disposées, le Grand Chambellan, après avoir pris les ordres de l'EMPEREUR, fera ouvrir les portes du *Salon d'Apollon,* et viendra ensuite se tenir en avant de la dernière marche du Trône, *du côté de l'*EMPEREUR.

A son tour, la Grande Maîtresse fera quelques pas en avant *du côté de* l'IMPÉRATRICE, pour nommer à SA MAJESTÉ chaque Dame qui sera reçue.

Les Dames qui auront été réunies dans le *Salon d'Apollon,* le *Salon Blanc* et la *Salle des Maréchaux* seront alors admises à passer devant LEURS MAJESTÉS.

En tête :

Les Femmes des Ministres et des Membres du Conseil Privé, des Présidents du Sénat, du Corps Législatif et du Conseil d'État, des Maréchaux et des Amiraux ;

Les Veuves des Maréchaux et des Amiraux ;

Les Femmes des Grands Officiers de la Couronne, du Commandant en chef de la Garde Impériale, de l'Adjudant général du Palais ; les Femmes des Officiers des Maisons de Leurs Majestés et des Prince et Princesses de la Famille Impériale ;

Les Femmes du Grand Chancelier de la Légion d'honneur, du Gouverneur général de l'Algérie et des Grands-Croix de la Légion d'honneur ;

Les Femmes des Sénateurs,
     des Députés au Corps Législatif,
     des Membres du Conseil d'État,
     des Membres de la Cour de Cassation,
     des Membres de la Cour des Comptes,
     des Généraux,
     du Premier Président et du Procureur général de
       la Cour Impériale,
     des Préfets,
     des Colonels;

Les Dames Françaises et Étrangères présentées.

Chaque Dame sera nommée à LEURS MAJESTÉS par le Grand Chambellan et la Grande Maîtresse de la Maison de l'Impératrice.

———

Les Hommes qui auront accompagné leurs Femmes attendront dans les mêmes salons qu'elles.

La réception des Hommes aura lieu après celle des Dames, dans l'ordre qui vient d'être indiqué.

Les Hommes seront nommés à LEURS MAJESTÉS par le Grand Chambellan et par le Premier Chambellan de l'Impératrice.

———

Les Hommes seront en grand costume, en grand uniforme, ou en habit de Cour, avec culotte.

Les Dames auront le manteau de Cour.

———

ENTRÉES ET SORTIES
POUR LA RÉCEPTION DU SOIR.

Les Prince et Princesses de la Famille Impériale,

Les Princes et Princesses de la Famille de l'Empereur,

Les Membres et les Dames du Corps Diplomatique,

Les Ministres et les Membres du Conseil Privé, les Présidents du Sénat, du Corps Législatif et du Conseil d'État, les Maréchaux, les Amiraux et leurs Femmes,

Les Veuves des Maréchaux et des Amiraux,

Les Femmes des Grands Officiers de la Couronne, du Commandant en chef de la Garde Impériale, de l'Adjudant général du Palais; les Femmes des Officiers des Maisons de Leurs Majestés et des Prince et Princesses de la Famille Impériale,

Le Grand Chancelier de l'Ordre Impérial de la Légion d'honneur, le Gouverneur des Invalides, le Gouverneur général de l'Algérie, le Commandant supérieur de la Garde Nationale de la Seine, les Grands-Croix de l'Ordre de la Légion d'honneur et leurs Femmes,

Arriveront par le *Perron du Prince Impérial.*

Toutes les autres personnes entreront par l'*escalier du Pavillon de l'Horloge.*

Chacun devra prendre, pour sortir, l'escalier par lequel il sera monté.

Les personnes qui seront arrivées par l'*escalier de l'Empereur* attendront dans le *Salon de Louis XIV*, après avoir passé devant LEURS MAJESTÉS.

Celles qui seront entrées par le *Pavillon de l'Horloge* s'échelonneront sur leur droite, à partir de ce même *Salon de Louis XIV* jusqu'au bout de la *Galerie de Diane;* et, quand l'EMPEREUR et l'IMPÉRATRICE se seront retirés, elles retourneront, en traversant les appartements, à la porte du *Pavillon de l'Horloge.*

Paris, le 18 Décembre 1862.

Le Grand Maître des Cérémonies,

CAMBACÉRÈS.